A CŒUR OUVERT

LOUIS BAÏNILAGO

Copyright © 2025 LOUIS BAÏNILAGO

Aucune partie de ce livre ne peut être reproduite, distribuée ou transmise sous quelque forme ou par quelque moyen que ce soit, y compris la photocopie, l'enregistrement ou d'autres méthodes électroniques ou mécaniques, sans l'autorisation écrite préalable de l'éditeur et de l'auteur, sauf dans le cas de brèves citations incorporées dans des critiques et de certaines autres utilisations non commerciales autorisées par la loi sur les droits d'auteur.

Éditeur: Upway Books
Auteurs: LOUIS BAÏNILAGO
Titre: A CŒUR OUVERT
ISBN: 978-1-917916-55-4
Couverture réalisée sur: www.canva.com

Ce livre est un ouvrage de non-fiction. Les informations qu'il contient sont basées sur les recherches, l'expérience et les connaissances de l'auteur au moment de la publication. L'éditeur et l'auteur ont fait tout leur possible pour garantir l'exactitude et la fiabilité des informations, mais ils n'assument aucune responsabilité en cas d'erreurs, d'omissions ou d'interprétations contraires du sujet traité. Cette publication n'est pas destinée à se substituer à un avis ou à une consultation professionnelle. Les lecteurs sont encouragés à demander l'avis d'un professionnel si nécessaire.

contact@upwaybooks.com www.upwaybooks.com

TABLE DES MATIERES

TABLE DES MATIERES	3
UN BEAU JOUR	6
DIALOGUE DE CŒUR	7
JOIE AMICALE	8
REVE EVEILLE	9
BYE-BYE « G.S. »	10
TA-MO-SO	11
A TES CÔTES	12
AU GALOP	13
TIC-TAC	14
POUR TOI, MA MIE	15
FAIBLESSE RAISONNANTE	16
DESILLUSION	18
ORAISON	20
BIEN-RARE	22
REVE D'AMITIE	24
CLAIR DE LUNE	26
A BIENTÔT DONC	27
DEUXIEME PARTIE	29
PROMESSE	30
VIVRE AVEC TOI	32
MA TETINE	33
INHIBITION	35
UN JOUR, DANS LE JARDIN	36
MUTISME PARLANT	39
NOTRE ILE	40
MESSAGES DISCRETS	41
ZAGUI *(1)*	42
MARIAGE DE SARIQUE *(1)*	42
ESPRIT DEAMBULANT	43
L'HIVER	45
ADIEU	48
LE RENOUVEAU	50
LE TEMPS DU CŒUR	52
MOTEUR DE MES REVES	55

A LA DERIVE	57
SINGERIE	58
UN CONCERT DE COMEDIE	59
MYSTERIEUSE NATURE	62
UN SOIR	66
ELOGE DE LA DIFFERENCE	68
ELOGE DE LA MULTIRACIALITE HUMAINE	70
DEFI	73
PLAGE ENSOLEILLEE	76
RICHESSE TRIANGULAIRE	78
FLEUR DE VIE	80
SOLIDARITE	82
DEPART MATINAL	91
LA QUETE DU PARTAGE	93
PETIT CHASSEUR	96
NOTRE CHER PAPA	101
NOTRE CHERE MAMAN GERMAINE	104
MON CHER AÎNE JEAN-HECTOR	106
MA CHERE CADETTE LOUISE	108
A MES TROIS ENFANTS D'AMOUR SUBLIME	110
PETIT RUISSEAU	111
SOURIRE DE PRINTEMPS	113
VIVE LE CENTRAFRIQUE	114

A)
DÉCLIC D'UN CŒUR JUVÉNILE
POUR LA QUÊTE DE L'UNIVERSEL HUMAIN

RECUEIL DE POEMES
DE LA CLASSE DE 4ème A LA CLASSE DE TERMINALE
(1968-1972)
SIBUT-BANGUI

UN BEAU JOUR

Dès le premier jour
Où je t'ai rencontrée,
Mon cœur s'est emballé
Et sur le champ, je t'ai aimée
Puis, jour et nuit,
Je me mis à penser,
Espérant un beau jour
T'embrasser.

DIALOGUE DE CŒUR

J'aime les fleurs,
Les choses belles
Tout ce qui ne fait pas peur ;
 J'aime la douceur,
Une compagne mignonne.
J'aime
Tout ce qui est jeune,
Tout ce qui est charme,
Tout ce qui est vivant.
J'aime l'amour
 Qui dure toujours.

JOIE AMICALE

Aujourd'hui, jour d'allégresse,
Insectes et papillons s'embrassent,
Mon cœur jubile de joie,
Et mon âme s'égaie,
Zusto, mon chien, avec une chatte s'amuse.
Vraiment, c'est un jour sans pareil,
Où tout rit, sourit et danse,
Universels sont l'enthousiasme et l'allégresse.
Sur le toit, chantent les rossignols.
Mais, qu'est-ce que la joie ?
Qui n'a jamais été joyeux ?
Seul, je pense, l'être humain sans ami.

Ainsi vivre seul est chose inhumaine,
Méchanceté, égoïsme et pessimisme
En sont les conséquences.
Les amitiés fécondes sont sources
De bonheur, de festivités
Des cœurs unis…

REVE EVEILLE

Vacances interminables,
Bien que très agréables,
Deviennent assommantes,
Car plus de figure souriante
D'un « G.S. » à qui parler !

La nuit était calme et sereine,
Confortablement comme une reine,
Je dormais à point fermé
Sur un grand lit à mon gré ;
Pour moi, rien n'existait au monde.

Soudain, au cri d'un bébé,
Je fus réveillé
Et commençais à rêvasser
Et ces rêves, vainement
J'essayais de les chasser,
Cherchant quelqu'un à qui parler.

Devant mes yeux défilaient
Mes chers amis du « G.S. ».
Tels qu'ils étaient, je les voyais
Absorbé dans un absolu silence,
Ile me parlaient, me souriaient

Du lit, je me levais, inconsciemment
Pour les accueillir cordialement,
Mais contre un mur je me cognai
Car des illusions je faisais.
Découragé, je me recouchai pensif.

ILY, consoles-toi,
Un jour, heureux viendra,
En chair et en os tu seras
Parmi tes très chers amis du « G.S.'

BYE-BYE « G.S. »

Amis, pour la dernière fois,
Parlons aussi avec plus de foi,
Nous allons nous séparer
Et aujourd'hui rien à espérer.

Les yeux presqu'en larmes,
Je voyais Moxy devenir blême,
Roxy, plaintif, éclaté en sanglot,
Pépexy et Foxy, pensifs
Comme des moines dévots

TA-MO-SO

Roi, qu'as-tu fait de bien sur cette terre ?
Et qu'as-tu fait de mal ?
Xerxès, qui est ce roi,
Impertinent, orgueilleux et avide de gloire,
Emporté par une passion destructrice ?

Toujours l'envie de commander par les armes
Restera sur cette terre, tant qu'il n'y aura pas d'humilité !
On se vante, on tue, on assassine
Même les siens les plus chers
Pour accéder au pouvoir
Et sacraliser son image.
Unité et fraternité seront à jamais piétinées
Tant que fleurira la passion des honneurs suprêmes
Rendant l'humanité pleine d'envies meurtrières !

A TES CÔTES

ILY, viens.
Je suis toujours
Contente à tes côtés.
Allons-nous ébattre,
Et nous bombarder
De coups de baisers
Au bord de l'Oubangui, de Mbari,
Au bord de la Chinko et du Nil.
C'est une belle vie
Que nous menons,
 Oh, mon amour,
Je t'aime, je t'aime à jamais !

AU GALOP

Que la vie est un combat !
Sans combattre dans la vie,
On est esclave de tout,
En courant l'indigence
De partout
On est rejeté, méprisé
Comme un goujat.
Ris comme une souris
Et souris comme une pie,
Car belle est la nature,
Merveilleuse est l'aventure
Cueille les fleurs de la vie
Et du Beau aies l'envie,

TIC-TAC

Quand le jour paraît,
 Et que la vie naît,
Mon cœur se mit à battre
Tel celui d'un traître.

Cette demoiselle au regard charmant
Arrivera bientôt comme le printemps,
Dans le bonheur et la joie, je vibrerai,
Et avec enthousiasme, je l'embrasserai.

POUR TOI, MA MIE

Oh, ma chère, MA-MIE,
C'est pour toi que je chante, Pour toi que j'écris,
Pour toi que je vis.

Je suis à toi,
Tu es à moi, Avec mon cœur, mon esprit, Avec ton cœur, ton âme.

Que tu es belle !
Oh, rose matinale
Resplendissante de fraîcheur,
De jeunesse et de vie !
Chaque soir,
Au sourire triangulaire rougeâtre
Des foyers animés,
Déambulant le long de la rue Zéguino
Tout seul, les mains croisées, le regard lointain, Je rêve,
je rêve et je rêve
De toi,
Je revois
La belle courbure de tes lèvres,
Enivrantes
La rondeur brune de ta joue
Envoûtante et sensuelle….

Je suis fou de toi, chère MA-MIE,
Une force irrésistible me pousse,
A son gré, vers toi.
Cette force, cet ouragan,
C'est l'Amour !

FAIBLESSE RAISONNANTE

Comme c'est pénible d'être dans la détresse !
On se sent si petit comme un brin de sable
Dans l'énorme trou d'une faille,
Oh, cette vie !
Que faire et que dire d'elle !

Je suis si faible, si petit dans ce monde,
Dans ce monde où dominent
Le désespoir, les peines, les injustices, la mort.

Pourquoi devrais-je mener une vie malheureuse,
Souffrir, mourir et disparaître à jamais ?
C'est la loi de la nature
Nul être humain
N'y échappera.
Cependant, la nature n'est-elle pas injuste ?
Il y a des êtres humains heureux auxquels tout sourit !
Et des êtres humains miséreux que tout repousse et rejette.
Pourquoi cela ? Pourquoi ces deux sortes de vie ?

Ah, si je pouvais posséder cette nature,
Je la ferai meilleure au profit de tous les Hommes.
 L'être humain ne connaîtra pas de malheur,
 Mais la joie, le sourire et le bonheur.

Comme je me sens seul, abandonné, inutile :
Devrais-je avoir une existence sans joie ?
Oh, ciel, pitié de moi, pauvre créature à la vie courte !

Amie, soulage-moi, réconforte moi, rends-moi heureux de vivre,
Aide-moi à retrouver le goût de la vie,
La confiance en moi-même,
Montre-moi
Ce qu'est le véritable amour
S'il existe.

Si tu savais combien je t'aime !
Prêt à tout te donner
Ma vie, mon âme, mon cœur, mes pensées !

Je ne me suis jamais préoccupé
De savoir si tu m'aimes
Mais au contraire si je t'aime véritablement
Je ne pourrais volontairement te causer de la peine.
Tu es mon deuxième moi, un refuge.

Le jour, la nuit,
Je veux te servir,
Te rendre heureuse aussi.

Si tu souffres, je ne puis m'empêcher
De souffrir davantage
Restons à jamais unis dans la joie
 De notre chère amitié.
Que Dieu nous protège
Et nous bénisse à jamais !

DESILLUSION

Eh bien, ILY, le monde bouge, se meut,
Mais nous, petit échantillon de ce monde,
Sommes en train d'être immobiles,
Immobiles de corps et d'esprit,
De paroles, de volonté et d'amour.
Voilà l'inexorable immobilité
Qui nous jette
Au plus profond de nous-même
Mais ne nous permet aucun calme.

Immobilité qui nous pousse
Dans d'atroces tristesses
Mûrissant d'écrasants désespoirs
Qui nous enlèvent le charme de l'existence
A l'approche du soir.

Immobilité qui nous catapulte
Impitoyablement au milieu
Des buissons épineux
Gorgés de serpents et de guêpes.

Au milieu de ces buissons épineux
Qui nous couvrent, au moindre mouvement,
D'égratignures et de saignantes plaies
Petites en apparence et profondes en dedans ;
Immobilité, enfin qui vous ouvre
Des abîmes vertigineux et vilains

Vous laissant échapper
Un petit cri étouffé mais bien continu
En face d'une âpre réalité qui vous pince le cœur nu.

Rares sont ceux qui dans de telles situations
 Vous comprennent et vous aident.
L'indulgence vous est difficilement accordée,
 Et c'est sur l'apparence que vous êtes vite jugé.

Ainsi ce seul signe mauvais avilit tous les autres
Ce seul défaut est vite porté si haut
Qu'on oublie toutes les autres qualités
Qui font de vous un être humain…

Puis vous devenez un être drôle,
Et la surprise de plus en plus croissante va :
 Vous êtes vu alors comme un fat
Et l'illusion longtemps cultivée s'envole.

ORAISON

Oh ciel, oh firmament, oh astres,
Objets immortels de la puissance divine,
Signes incontestables de l'intelligence Suprême,
Œuvres d'une beauté et d'une splendeur exaltantes,
Empreintes inaltérables de la main de Dieu,
Richesses indispensables pour notre petit monde,
Je vous admire, je vous tends les mains.

Permettez, oh puissances célestes,
Qu'une créature auprès de vous si microscopique,
Ecrasé à de longues distances par votre immensité redoutable,
Dépassé par votre grandeur et votre magnificence,
Séduite profondément par vos attraits,
Vous honore de toute sa bonne foi
Et vous entretienne de ses maux terrestres.

Dites à ces roseaux-pensants

Qu'ils ont oublié d'être (plus) humains :
Qu'ils se comportent maintenant
Comme des animaux et non comme des humains.

Dites-leur à haute voix et vivement
Que tous leurs égoïsmes, leurs méchancetés,
Leurs hypocrisies, leurs orgueils, leurs injustices
Sont maintenant portés au grand jour.

Dites-leur de se repentir,
D'aimer leurs semblables,
De lier des amitiés douces et agréables,
De rétablir la paix, la justice,
De vivre gaîment comme des frères unis.

BIEN-RARE

Eh, ILY, où allons-nous, où courons-nous ?
Et vers quels rivages sinistres et inconnus voguons-nous ?
Quel est ce pays, cerné de murs de montagnes étranges
Dont les sommets se perdent pour former dans les cieux
Une voûte immense qui le met à l'abri de toute lumière ?
Quel est ce pays si inquiétant
Qu'en y pensant
La terreur et l'épouvante nous saisissent
Et que l'imagination fantaisiste
Nous en présente des objets et des êtres surnaturels et effrayants ?
Comment sont ses animaux, ses eaux et ses habitants ?
Seraient-ce des hommes cyclopes, des géants
Ou seulement de hideux et cruels nains ?
Des serpents gigantesques, des ogres
Composent-ils sa faune ?
Ecumantes et tourbillonnantes sont-elles ses eaux ?

Quel est donc ce pays
Où, imperturbables, nous pousse le destin
Sans se soucier de notre instinct humain,
Pays où guère ne trouve-t-on de soleil
Mais des ténèbres dévorantes ?
Terribles seront le voyage et la peur
 Et inquiétant ce que nous réserve ce pays.
Rares sont les compagnons de valeur
Qui, en pareilles circonstances,
Vous soient disponibles.
 Le plus souvent vous sont exposés
 Des excuses plausibles.

Rares sont les amis fidèles
Qui acceptent de vous tenir compagnie
En ces temps âpres et angoissants
Pour vous exhorter et vous réconforter
Jusqu'au bout de ce voyage vers l'infini.

Je ne suis pas trop incrédule
 Ni toujours trop crédule.
Je ne doute pas qu'il y ait
De par le monde des amis fidèles.
Mais plus de deux, je crois qu'il n'y en a pas !

REVE D'AMITIE

Je suis ce lieu si paisible
Que bientôt les ténèbres jalouses
Engloutirent comme une blouse,
Semant la peur des bêtes redoutées
Cherchant dans l'obscurité qui dévorer.

Je suis cet agneau innocent
Et naïf, faible et insouciant
Errant partout dans les buissons
Et les bois, écoutant des sons divers
De la nature précoce
Attaqué par un loup féroce.
Cependant du Levant lointain,
Une lueur inattendue
Alors peu à peu apparut,
Et la lumière éclatante envahit
Tout, et la vie,
 De nouveau, reprit.

Mais derrière un arbre touffu,
Surgit un homme de noir vêtu,
L'air décidé, sans aucune peur,
 Il ne pouvait qu'être un chasseur.
 Aussi rapide qu'un éclair il tira,
 Et de l'étreinte du loup me délivra.

Oui, mon très cher ami,
C'est toi ce soleil qui jaillit,
Qui dissipa mon désespoir,
Qui éloigna mes pensées noires,
Qui m'apporta la joie
Et le goût d'espérer.

C'est toi ce chasseur brave,
Ce protecteur compatissant
Qui vint au secours d'une faible créature,
 Grand amoureux de la nature,
Torturé par de graves tourments.
C'est toi qui m'épargnas de ce tragique moment.

CLAIR DE LUNE

Dehors la lune brillait ;
Un vent doux soufflait,
Tapotait ma joue
Et sur son passage effleurait tout
La douceur de cette belle nuit,
Rendait tous les objets paisibles,
Et mon cœur oubliant du jour l'ennui,
Exaltait cette sérénité sensible.

Seul, allongé sur ma suave natte,
Je contemplais ces astres étincelants :
Tout rêveur et tout actif,
Je les admirais avec volupté, ces astres sains.

Oh nature, oh mère au regard pacifique :
Comme tu sais vivement agiter le cœur !
Ton sourire radieux, signe de bonheur,
Que tu fais miroiter, reste, hélas, encore chimérique.
Eh homme, mortel être,
Qu'as-tu à montrer un visage sinistre ?
Enfoncer un glaive dans le dos de ton prochain ?

Alors que la lune, le clair de lune
Te montre qu'il faut sourire,
Et par sa clarté condamne tout acte ignoble ?

A BIENTÔT DONC

Mon très cher Gaspard,
Chez toi je suis passé
Comme un clochard
Cherchant
Ce qui me tenait à cœur.
L'ayant trouvé,
Je l'ai pris tout joyeux
Comme cela m'appartenait.
Puis dandinant,
Vers mon gîte ennuyeux,
Je suis retourné
En te disant
De ne pas avoir peur
Car un rouge bic
Seul j'ai pris !

DEUXIEME PARTIE

B)
ELAN D'UN CŒUR COSMOPOLITE (2)[1]

DE BANGUI   A   ABIDJAN ET MONTREAL

(1973 - 1976 1984)

---

[1] Poèmes écrits durant les années d'université (Bangui, Abidjan, Montréal)

PROMESSE

Est-ce que tu tiens
A ta promesse
Mon cher ILY ?

Tu me disais, au clair de la lune,
Auprès du foyer Bandia,
Que toujours tu m'aimerais
Quand nous serions à Bangui.

Tu me disais, l'air enjoué,
De belles et douces choses
Qui me chatouillaient
L'esprit et le cœur.

Maintenant tu as gagné
Mon cœur et mon corps
Je suis folle de toi
A tout moment
J'ai soif de t'aimer
De te bercer comme un bébé.

L'hymne des oiseaux,
Le ^passage du vent,
La vue des nuages cotonneux

Me font penser à toi.
Ton visage me fait rêver
Et je suis transportée d'allégresse
Quand je sens la chaleur de ton corps.

Toi, près de moi, le bonheur m'habite.
J'oublie les avatars de l'existence
Dévorant en toi la sérénité
D'un cœur inébranlable.

VIVRE AVEC TOI

J'aurais aimé que tu sois toujours près de moi :
- que tu me dises toujours que tu m'aimes,
- que tu ne me caches rien,
- que tu me dises ce que tu veux,
- que je ne te fasse pas souffrir.

J'aurais aimé te porter dans mes bras,
- te caresser sans me fatiguer,
- te cajoler comme une poupée,
- te rendre heureuse,
- t'aimer jusqu'à la mort.

J'aurais aimé aller au pique-nique,
- courir les champs et les prairies,
- faire la sieste avec toi,
- écouter les battements de ton cœur,
- être séduit par ta douce voix

J'aurais aimé le jour resplendissant ou le soir venu,
- me promener avec toi la main dans la main,
- te serrer chaleureusement contre moi,
- vivre avec toi pour toujours.

MA TETINE

Hélas, Ma Tétine,
A l'allure juvénile,
Sais-tu qu'il y a un garçon,
Pas loin de toi,
Que tu connais bien
Qui t'aime en silence
Et qui avec sa lance,
Percera son cœur
Pour te l'offrir comme une fleur ?

Tu lui fais peur
Et il pleure
De ce malheur
De t'aimer sans te le dire
Car de lui tu pourrais rire.

Ma Tétine, viens avec moi
Chanter des chants, des contes
De la rivière Singo (Chinko)
Dans le village des BANDIA.

Viens avec moi
Danser au son du « gu-gu »
Griot infatigable

De notre Centrafrique
 Aux oreilles des muses.

Ma Tétine,
Viens avec moi
Echanger des regards passionnés ;
Chaque jour
M'apporte un peu plus
De couches d'amour
Qui me rendent vorace
Et insatiable
Comme une marmite trouée !

INHIBITION

Quand je t'écris, ma main tremble,
Quand je te vois, je me trouble.
Quand je te parle, je bégaie.
Quand tu es près de moi, je frémis.
Quand tu me regardes, je suis ébloui.
Quand je ne te vois pas, je suis soucieux.
Quand tu es indifférente, je suis malheureux.
Quand je suis indifférent, je t'aime encore davantage.
Quand j'ai envie de te caresser, j'ai peur.
Quand j'ai envie de t'embrasser, mon courage s'évanouit.

Ma Bien-Aimée,
Viens dans mes bras,
Viens me tirer d'embarras,
Car au plus fort de la tempête,
Au plus fort de la tornade,
Mon cœur, pour toi,
Bât encore plus fort !

UN JOUR, DANS LE JARDIN

Savoir rire,
Savoir écouter,
Savoir s'étonner,
C'est se renouveler…

Il y avait une fille, MA-MIE,
Qui, en rose, voyait la vie.
On avait une grande envie
De la voir, de la couvrir de caresses
Car elle était pleine de tendresse.

Elle avait un sourire d'ange,
La peau couleur d'orange,
Le regard perçant et doux,
Les dents bien blanches
Et les cheveux mous.
Tout le monde, riches ou pauvres,
Têtes touffues ou têtes chauves,
En pantalon ou en culotte,
Toutes les nuits et tous les jours

Remplissaient sa vaste cour
Et voulait lui faire la cour…

Ils lui montraient de larges sourires
En lui parlant des projets d'avenir…
Mais, hélas, bientôt des soucis
Envahirent le cœur et l'esprit
 De cette demoiselle
Fatiguée des lits d'hôtels.

Tout ce monde galant
Ne lui apportait pas la joie…
Vite désabusée de leurs lâches voix.
C'était des hypocrites, des donjuans
Qui lui mentaient sans arrêt
Ne cherchant que leur propre intérêt.

Attristée par ces mésaventures,
Toute seule, MA-MIE, au lit,
Pensait beaucoup la nuit.
Elle désirait de belles choses ;
Amitié, fidélité, amour
Qui ne demeuraient alors que du rêve.

Ces tristes pensées la tourmentaient.
Beaucoup de choses affluaient dans sa tête.
De douces larmes sillonnaient
Ses charmantes joues roses.
Elle pleurait, en silence, le regard morose
Tourné vers le plafond indifférent
Cherchant vainement un réconfort.

Un jour, MA-MIE,
Se trouvant avec ILY
Dans un jardin parfumé,
Le trouva si simple et si sincère
Qu'elle lui confia ses secrets
En ôtant son bonnet.

Ecoute-moi, mon cher ILY,
 Je suis pleine de soucis

Et fatiguée d'ennuis.
Je suis si seule, si solitaire
Que la vie ne m'est plus guère
Agréable et prospère.
Pourtant, je voudrais être aimée,
Mais on m'a beaucoup trompée.
 Mon cher ILY,
Que je baptise Luxy,
Maintenant tu connais ma vie.
Je te l'ai toute racontée.
Délivre-moi du désespoir.
Montre-moi ce qu'est le véritable amour !

Il la regarda avec tendresse et lui dit :
MA-MIE, ma voix tremble, mon âme frémit
Au récit combien touchant
De tes graves ennuis.
MA-MIE, oublie ce triste passé
Qui t'a tant torturée
Et regarde le lever du soleil
Qui t'apporte le Renouveau.
Ecoute les oiseaux qui chantent,
Leurs chansons t'invitent à la danse.
MA-MIE, cesse tes pleurs
Et que finissent tes malheurs…
La vie nous appelle…
Ne désespère plus ;
Tant qu'il y a la vie, espère.
A toi, cœur de jeunesse,
Appartient tout l'avenir ;
Et de ces propos garde un bon souvenir.
La patience récolte souvent
Des fruits insoupçonnés.

MUTISME PARLANT

J'ai quelque chose de spécial à te dire,
 Comment te le dire, je ne le sais.
Ma langue est lente à débiter,
Ta présence me trouble, m'intimide,
 Et je ne sais plus quoi dire.

Pourtant, j'ai beaucoup de choses à te dire,
 Mais ma bouche reste muette.
Je ne cesse cependant de te parler,
De te parler par le regard,
De te parler par et dans mon silence,
De te parler par mes actes.
Oui, tu y verras tout mon message…
Tu comprendras ce que j'ai dans le cœur …

NOTRE ILE

Partout on nous épie.
Des yeux ronds
Nous interpellent sur l'avenir,
Que penserais-tu de ce beau souvenir
Que de partager désormais
Nos malheurs et nos joies,
De vivre ensemble et unis
Dans cette richesse
Plus belle que l'or
Et qui s'appelle l'Amour ?

Le ciel et la terre nous bercent.
Les papillons et les merles dansent
Au rythme de nos voix intenses.
Voici venir des colombes
Former autour de nous un cercle d'amour
 En nous chantant cette romance :
« La, la, la, ILY, »
« La, la, la, MA-MIE »
« Soyez à jamais fidèles »
« Soyez un couple modèle »
« Ecoutez vos cœurs »
« Bondés de promesses »
« Fuyez loin des regards hostiles »
« Allez vivre dans une belle île »
« Qui s'appelle l'Amour »
« Vous y passerez de beaux séjours. »

MESSAGES DISCRETS

Que la vie est belle !
Que la jeunesse est pleine
D'espoir et d'enthousiasme !
Chaque jour, je sens mon cœur
Vibrer de chaleur,
Battre plus fort que le tic-tac
 D'une horloge d'antan.

Tout l'univers
Me semble un interlocuteur
Silencieux mais vivant.
Oiseaux, plantes, fleuves,
Tout semble s'adresser à moi.
J'entends, je lis des messages
Sur les feuilles dansant
Sans tambour…

Oui, j'ai envie de parler,
Oui, j'ai envie de répondre
A tous ces messages clandestins
Mais ma bouche ne laisse sortir
Aucun mot, aucun son.

La vie est si belle
Que je suis enivré de son charme.
 Pour trouver la vie belle,
Il faut savoir la rendre savoureuse
Par le travail, la discipline, l'Amour.

ZAGUI *(1)*

J'ai quelque chose à dire,
Pour faire surtout rire
Pour faire davantage sourire
Et non pas pour faire souffrir !

MARIAGE DE SARIQUE *(1)*

Les oiseaux ont chanté,
Les biches ont dansé,
 Les gazelles et les tourterelles
Ont applaudi.
Ce fut un évènement féérique
A l'occasion du mariage de Sarique.

C'était un beau et vaillant homme,
Fils de la tortue et du roi soleil.
Aussi le considérait-on
Comme un jeune homme sans pareil,
Qui ne buvait que dans une corbeille,
Ne suçait que le miel d'abeille.
 Toutes les femmes l'admiraient,
Les hommes le craignaient.

Les femmes voulaient l'épouser.
Il les détestait toutes
Sauf une,
Moins belle que les autres.
Lorsque l'on lui demanda
Pourquoi l'a-t-il épousée ?
Il répondit :
Parce qu'elle n'est pas comme les autres :
Sa vilainie, (telle que vous le pensiez), me plaît !

ESPRIT DEAMBULANT

LE BONJOUR
Voici un beau jour
Où j'irai faire un tour
Chez MA-MIE pour une question d'amour.
Je verrai alors se former autour
De nous un cercle de vautours
Nous dire un doux bonjour.
* LE BONHEUR
A tout moment, à toute heure
Sur un même rythme bat le cœur
 Comme pour nous dire que les pleurs
N'ont pas de place auprès du bonheur !

L'ERRANCE
Je vais à travers les mers
Emportant des souvenirs amers
De ma vie passée au bord
Du ruisseau de Bâbord.
Je n'ai pas vu de fille fidèle
Ni de garçon honnête.
Je n'ai pas vu de monstre
Qui n'ait été abattu.
Je n'ai pas vu de souris
Danser dans les recoins des maisons.
Je n'ai pas vu de serpent
Qui n'ait la queue pointue
Je n'ai pas vu ce qu'on a vu
Et j'ai vu ce qu'on n'a pas vu. *(1)*

Je vais à travers les mers
Emportant des souvenirs amers
De ma vie passée au bord
Du ruisseau de Babord. *(1)*

Il y avait une demoiselle *(1)*
Que j'admirais tant…
On hurle le bravo de la victoire.
La victoire sur les mots,
La victoire sur les évènements,
La victoire sur la mort…

J'ai vu des perles
Devenir serpents,
J'ai vu des serpents
Devenir dentelles….

                                         (*1*) ***Poèmes écrits à Bangui le 30 JUIN 1973***)

L'HIVER

Belles fleurs, le triste hiver est passé.
Il a terni vos charmes,
Il a abîmé vos traits
Il a enlaidi votre beauté.
      Hélas !
Votre laideur prématurée
Me chagrine, me ronge.
Est-il dit que le bonheur
Que vous m'apportiez
Devrait s'évanouir au moment même
Où il atteint son paroxysme ?

Je me croyais le plus heureux des Mortels,
Je me sentais nageant
Dans un paradis de félicité.
J'oubliais tous les soucis du monde.
Tout ne m'était que synonyme
 De joie, de douceur et d'enthousiasme.

Voilà que tout cela
Tout d'un coup disparaît.
Voilà que le bonheur s'envole
Telle une feuille emportée par le vent !
Voilà que cette joie, cette douceur
Sont englouties par l'hiver,
Telle une ville sous les laves d'un volcan.

Comme je me sens seul,
 Abandonné de vous,
 Affligé et bouleversé !

Vous aviez un sourire d'ange,
Séduisant et merveilleux.
Ce sourire n'est plus que spectre hideux,
Ironie blessante
Qui me foudroie et me paralyse.

J'aimais jusqu'à l'ivresse
 L'éclatante couleur rose, orange, verte, bleus
De vos robes ajustées.
Cette couleur n'est plus que flamme
 Dévorante qui me calcine.

Sois maudit,
Hideux hiver
Et que tout l'univers
Te maudisse.

Pourquoi m'as-tu enlaidi
 Mes belles créatures ?
Pourquoi m'as-tu privé
De mes belles fleurs
Et de tout ce qu'elles m'apportaient ?
Hiver, je te hais,
Tout en t'admirant
De tout mon cœur
De toutes mes forces.
Comme tu es si lâche !
Tout aussi bien qu'émerveillant !

Deviens vite plante, animal,
Tu sauras qui je suis.
Je te torturerais le cou,
Je te crèverais les yeux,
Je te pulvériserais
A cause de ton crime abominable,
A cause de mes fleurs
Chères passionnantes dulcinées

Que tu as sauvagement déformées
Je dirais même mieux, tuées.
Tout en te refaçonnant
 Encore pour l'éternité.

Oh très chères fleurs,
Je vous pleure comme un bébé.
Terriblement vous me manquez.
J'adore vos beautés d'antan.
Dans le silence et la méditation
Avec une discrète passion,
Je garderai toujours de vous,
Comme un très agréable fou
Oh Etres d'insondable douceur
Et d'incommensurable fraîcheur,
Un très bon et doux souvenir.

(BANGUI 30 JUIN 1973)

ADIEU

Adieu, toi, la machine terrible de mes pensées.
Toi qui, durant tant d'années,
A ébranlé les fibres de mon cœur ;
Toi qui m'as fait tant souffrir,
Je m'en vais, le cœur palpitant,
Je m'en vais vers des rivages inconnus,
Je m'en vais loin de toi vivre en ermite.

Je pars pour toujours,
Je pars créer un autre mode de vie,
Je pars afin d'oublier
Toutes ces douloureuses aventures
Dont j'ai été victime.
Je pars, enfin, pour t'oublier,
Pour oublier tous les soucis les plus atroces
Que tu m'as tant infligés.

Loin de toi, j'essaierai de balayer
De ma mémoire ton lâche sourire,
 Ton regard prometteur mais fallacieux,
Ton visage rond et luisant mais louche.

Ainsi, seul, dans une île solitaire,
J'aurai pour compagnons les oiseaux,

Pour amies les fleurs sauvages,
Pour interlocuteurs les singes bavards,
 Et pour ennemi ton souvenir démoniaque.

J'écouterai les doux chants des oiseaux
Qui m'apporteront des rêves tendres ;
Le bruit du vent me caressera le visage
Et me comblera de douceur ;
Les clapotis des vagues de la mer
 Me berceront et m'enchanteront.

Et dans cette île, éloignée de toi,
Qui a obscurci et troublé ma vie,
Je retrouverai la joie sans nuage,
Je retrouverai la confiance en moi-même,
Je redécouvrirai la beauté de la vie
Avec toutes ses délices,
Et, enfin, je connaîtrai ce trésor,
Je savourerai cette richesse
Qu'est l'Amour plus que l'or
Que je n'ai pu trouver auprès de toi.

LE RENOUVEAU

J'ai chanté Avec une bonté
Sans pareille,
Les yeux pleins de soleil.

Soudain, je me sentis perplexe,
Ne sachant aucune vérité
De la nature qui m'entoure,
Imposante comme une tour.

Tout est si terriblement obscur,
Tout me semble si contradictoire
Que bien des réponses de la nature
Ne me paraissent guère péremptoires.

Cependant, comme d'infatigables oiseaux
Amoureux des vols dans les cieux,
Nous rendons nos jours délicieux
Par le labeur et des espoirs toujours nouveaux.

SEJOURS MONTREALAIS

1977 - 1984

LE TEMPS DU CŒUR

Eh bien, voilà déjà dix-huit mois d'écoulés
Depuis cette nuit où, avant de m'envoler vers le Canada,
J'ai dû, dans un irrésistible élan d'affection,
M'essouffler à glorifier la plus tendre des créatures,
Ma charmante MATA,
Pour qui je vouais un grand amour
Si profond et si immense qu'un entonnoir
Aussi volumineux soit-il comme une tour
Ne saurait le contenir comme l'image dans un miroir.

Depuis, le temps vole, la distance règne, l'absence pèse.
Dans ce monde étrange et déroutant qu'est le Canada,
J'avoue que ni le métro, ni l'ennuyeuse publicité
Encore moins le froid ne me rappellent ce qu'avec ma MATA,
Vivante source fraîche aux incomparables délices,
 Nous faisions, racontions avec plus de naturel ?
Ah, délices si envoûtantes que de ce monde
J'oubliais même tous ses vices
Tant il me semblait vivre dans un monde tout en miel.

Le temps, la distance, l'absence
Sont les trois fameuses notes
Qu'avec beaucoup d'ingéniosité
Le cœur humain use à sa guise
Pour composer une agréable symphonie
Qui peut
Ou irradier et revivifier la vie,
Ou constituer un leitmotiv de chagrins et de douleurs
Sur une gamme de notes
Si tristement porteuses de dysharmonies.

Le temps, la distance, l'absence,
Combinaisons de maux
Sont aussi la trinité d'une véritable jouissance de l'Etre Humain
Dans ce qu'il a de plus profond et de plus intime.
Le cœur, par sa magie de transformation
Et de renouveau
Opère une symbiose des contraires
Pour édifier une forteresse d'amour
Et de don de soi
En ressuscitant de paisibles et florissants moments de bonheur
Désormais s'érigeant
En une gigantesque fleur
Qui jamais ne se flétrit,
Mais bravant ainsi l'éternité….

(MONTREAL, ETE, 1977)

A MA BISE

C'est dans une position assise
Qu'un jour je vis ma chère BISE
Flânant le long de la Tamise.
Cette vue, pour moi, fut une crise
Vite apaisée par une cerise
Dont la belle forme et la couleur
Sont pour moi le symbole d'un vrai bonheur
Qu'à travers cette charmante fleur
Fidèle illustration de mon cœur
Je voudrais lui offrir à toute heure.

                                                (MONTREAL, ETE, 1978)

MOTEUR DE MES REVES

Tout est calme, si calme autour de moi
Qu'il me met soudain, en face de toi.
Emerveillé, ébahi, je me tiens coi.

                    Je n'entends aucune feuille remuer,
                    Je ne sens aucune brise effleurer
                    Et caresser mon visage multicolore
                    Comme la main d'une fille au parfum d'aurore

J'ai les yeux tournés
Vers ce-je- ne sais-quoi
Qui me séduit et m'attire
Vers Toi.

                    Pourtant, ce n'est qu'une image mouvante
                    Qui sans cesse me tourmente
                    Et me tient esclave de tes fers
                    D'où jaillissent ces maladroits vers

J'ai les yeux étincelants,
Mais aussi des yeux d'étonnement.
Je m'étonne devant tant de merveilles…
Mais surtout de voir peu de gens
S'étonner souvent….

                    Pourtant, c'est quelque richesse insoupçonnée
                    Qu'on devrait partager avec autrui.
                    C'est un message profond,
                    Un de ces messages sincères et merveilleux
                    Une de ces mélodies (envoûtantes)
                    séduisantes
                    Que composent les vibrations du cœur
                    Aux milles finesses,

                    Fontaine de séduction angélique irrésistible
                    Auxquelles on devrait sensibiliser,convier,autrui.

Ce message, ma dulcinée,
Je ne sais si toi, à l'allure d'une fée,
Tu le comprendras ou le déchiffreras
Aisément en écoutant le rythme de tes pas

                    Ce n'est pas tant que ce message
                    Soit obscur, difficile ou compliqué ;
                    Mais parce qu'il est trop simple
                    Ce n'est qu'un regard candide et
            flamboyant
                      D'ardeur ;
                  Mais c'est aussi cette voix tremblante
                  Et chaleureuse que tu écoutes
                  Et dont les vibrations
                  Semblables à celles du tambour
                  Sont l'émanation de l'amour
                  Que pour toi,
                  Je porterai toujours

Voilà, ma Belle,
Des mots si éloquents
Que je voudrais fidèles
A l'ardeur de mon cœur
Pour te dire combien profond
Est le bonheur
De t'avoir comme une belle fleur
Qui jamais ne se fane
Même dans les bras d'un profane.

A LA DERIVE

J'ai conçu une belle barque
Pour voyager où je voudrais.
Mais le vent vers l'aval m'a entraîné
Alors que vers l'amont je m'en allais.
Ainsi c'en est fait de mon voyage
Qui vite se révéla une inquiétante aventure.

Cela fait peut-être penser à ce fameux chasseur,
Enfant, il rêvait devenir jusqu'à la fin des temps
Le chasseur le plus talentueux de toute l'humanité.
Comme dans tout rêve l'impossible se possibilise,
Il se convainquit que ses rêves les plus chers
Allaient nécessairement se réaliser,
Il caressait tellement cette idée
Qu'il en devenait fou de joie.
Cela lui procurait un certain (quiétude) bonheur
Qui lui faisait voir en rose la vie.

Le jour de la grande chasse arriva.
Tandis que ses compagnons ramenaient de gros gibiers,
Il n'apporta tout au fond de son sac
Qu'une toute petite perdrix qui lui inspira
Cette chanson que vous venez autrement d'écouter

(MONTREAL, ETE, 1979)

SINGERIE

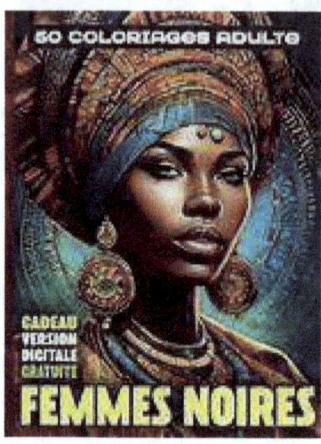

Comme un poisson ignorant Tout du
bronzage occidental
Ainsi dans le sein de ma mère
J'ignorais tout et des larmes et des souffrances

Peut-être, est-ce cela, le bonheur, la vie fœtale,
Que l'esprit humain a projeté
Au-delà des nuages et des étoiles ?
Pourquoi alors, l'homme qui se croit le nombril de tout,
Faisant dériver tout à partir de lui,
Eve, une partie de ses côtes, Dieu est barbu,
Dressa-t-il ce nuage épais de négation
De ce prodige dont la femme est le siège ?

N'est-ce pas l'attitude de l'homme jaloux et exaspéré
De son impuissance et de sa médiocrité ?
La chanson, on la connaît, c'est le sexe fort.
Mais le roseau apparemment faible
 A survécu au baobab fort ?
Hélas…cette médiocrité va maintenant
Se multiplier par deux.
C'est cela, le hic de la singerie !   (*MONTREAL, HIVER, 1979*)

UN CONCERT DE COMEDIE

Elle n'a fermé l'œil toute la nuit
Etant terriblement aux prises avec l'ennui.
Elle rêvait ardemment d'une compagnie
Qui pût lui rendre heureuse la vie.

Il était accablé par une lourde solitude
Qui rendait son sommeil dépourvu de plénitude.
Dans son lit éveillé, il se disait prêt à toute sollicitude
Au point d'y ajuster son attitude.

Finalement, elle a pris une décision :
S'extérioriser à qui peut l'écouter,
 Et bien sûr à qui peut la comprendre.
Je dois, se disait-elle, m'affirmer, vaincre ma timidité
 Et mon amour-propre en exprimant sans détour mes désirs.
Désormais, se dit-il, j'abandonne cette lourde carapace
D'orgueil et d'amour-propre qui toujours me tracasse
Et me causent autant de maux que de déboires
En m'enfonçant davantage dans le désespoir.
Je dirai, poursuit-il, à cette demoiselle
Que je m'intéresse beaucoup plus à elle ;

Je lui ferai savoir sans détour
Que pour elle, j'éprouve de l'amour.

Eh, bonjour, comment vas-tu, mon cher ?
Très bien, merci, et toi, ma chère ?
A merveille, merci, vraiment,
Quel beau temps ?
 Eh bien, oui, certainement
A cause du printemps !

Quoi de neuf, mon chou, qu'as-tu fait hier ?
 J'étais avec des amies dont je suis fier.
On bavardait, buvait, riait aux éclats
A tel point (tu t'en doutes) qu'on ne s'écoutait pas.

Et toi, ma mie, quelle aventure as-tu vécu hier ?
Une des plus savoureuses ; j'étais avec mon tchom Herbert.
Il me jouait de la musique avec sa jolie guitare
 Sur ses jambes, ses genoux, ses cuisses,
Il me supportait ; c'est un très beau gars.

Vraiment, c'est romantique, ta soirée !
C'est agréable aussi, ta veillée !
Ben, je dois te quitter, je vais à Ste Foy
Alors, peut-être, à la prochaine fois !
Bye, bye… surtout bon voyage…
Merci…mais ne te perds pas dans les nuages…

Chacun s'en va donc très déçu,
Car c'est la même situation
Encore qui continue.
On veut montrer qu'on est heureux
 Alors qu'on est malheureux.
Chacun veut à tout prix paraître
 Plutôt que de simplement être.

C'est alors que la solitude davantage s'agrandit
Et que l'ennui sans cesse s'alourdit

En se transformant en des chagrins aiguisés
Qui rongent les cœurs de ces espèces d'infortunés.
Voilà ce qu'est, de nos jours, la vie :
Un véritable concert de comédie
Bien orchestré dont la triste mélodie
N'est rien moins que l'hypocrisie
Et encore et surtout la monotonie.
Pourquoi de tant de masques s'encombrer ?
Pourquoi dans la platitude de l'orgueil sombrer?
Vivre infiniment d'heureuses aventures
C'est savoir simplement imiter Dame Nature.
C'est pouvoir garder le naturel,
Seule source d'éclosion du spirituel.
C'est se mettre à l'écoute d'autrui
 Sans lequel tout bonheur s'évanouit.
C'est faire confiance et se faire confiance,
Attitude propice à l'élan du cœur, à la confidence.
C'est aussi aller à la recherche de la différence
Qui procure vitalité, enrichissement et tolérance.

Voilà, je pense, la voie de l'amour et de l'espérance,
Qui n'ont pas besoin, sans doute, de tempérance.
C'est par là que fleurit le cœur
En semant sans compter le bonheur
Qu'on pourra savourer à toute heure
A l'abri total de tout leurre.

(MONTREAL, MAI, 1979, PRINTEMPS)

MYSTERIEUSE NATURE

Nous irons dans la nature
Respirer la verdure
 En digérant l'air pur.
Nous irons dans la nature
Nous emmouracher de sa parure,
Dénouer l'ennuyeuse serrure
De nos cœurs si durs
Et nous abreuver goulûment
De ses appétissantes mamelles.

Nous irons dans la nature
Faire des engrais de nos ordures
De sagesse, nos conduites immatures.

Nous irons dans la nature
Revigorer nos pesantes allures,
Vacciner nos affectueuses armures,
Embellir notre affaissante ossature.

Nous irons dans la nature
 Foetaliser l'état de symbiose
Combien riche de virtuose
De notre admirable nature
Au contact de la merveilleuse nature.

Oh, narcissique Nature !
Nous sommes deux mystères
Sans dogme amère
D'une seule et même nature !

SOLITUDE, VADE !

Je veux cracher dédaigneusement
- La triste solitude des hivers glacials
- La triste solitude des étés assourdissants
- La triste solitude des repas sans dialogue

Je veux vomir avec mépris
- La monotonie d'une vie solitaire
- Les divagations d'un rêveur solitaire
- La froideur d'une chambre solitaire

Solitude des déserts insolites
- Des espaces intrigants,
- Au large des mers houleuses
- Des forêts féériques

Je vous admire, vous êtes fascinantes,
Vous êtes Solitude absolue.

Solitude des nations belliqueuses,
- Des villes- dortoirs
- Des passants dans les rues populeuses
- Des clients dans les supermarchés
- Des vieillards et des malades dans les hôpitaux,
- Des étudiants dans les établissements d'enseignement
- Des cadres dans leurs bureaux et leurs professions

- De l'immigrant marginalisé
- De l'athée ou du croyant incompris ou opprimé
- De l'orphelin délaissé
- De l'enfant méprisé de ses parents
- Du chagrin d'amour

Cette solitude-là, c'est le virus cancérigène
De la déchéance de l'homme moderne
Que je veux exorciser
A coups de plume bénis
De l'amour du partage ;
Cette solitude-là,
C'est l'enfer social
Des solitaires sans solitude
Que je veux sanctifier
De l'encens humain
De l'amour du dialogue.

Centrafrique, soleil de nos cœurs,
Débarrasse de tes enfants,
- La solitude des égoïsmes destructeurs,
- Les individualités insidieusement rebelles
- La fourberie ignoble,
- Les misères sans nom,
- Les passions ravageuses de vie humaine
- Les espoirs sans lendemain !

UN SOIR…

J'ai fait un rêve de Matamore :
Gravir jusqu'au sommet
De la colline là-bas
Férue de fauves courroucés,
Traverser l'inquiétante rivière
Bouillonnant de monstres
A la gorge hoquetant de famine
Toujours prêts à bondir
Sur d'éventuelles proies imprudentes.

J'ai fait un rêve éveillé,
Décoder et conquérir
Le mystère du Dominus vobiscum,
M'irriter devant la ville-lumière
Illuminant des sueurs fétides
Des muscles noirs à tipoye,
Des rafales de chicottes labourant
Les chairs à coton, les chairs à café,
Les misères infernales des humains animalisés,
Les tentacules de blancs noircis
Assombrissant délibérément
Nos vies, nos villes et nos coffres.
Eclairant leurs villes éclairées,
Enrichissant leurs vies opulentes,
Renflouant leurs coffres pleins…
Je fais un rêve de prophète :

La sereine odeur d'un parfum échevelée
Au regard de croissant de lune
Annonçant sans ambages
Des moments de plénitude reconquis,
La centrafricanité des aspirations
De nos confrères de partout
A la quête inlassable
D'une communauté de conscience féconde,
Le partage de l'enrichissement des différences,
L'inculturation de l'altérité,
L'échappée de la culture narcissique.

ELOGE DE LA DIFFERENCE

Quelle est cette ombre enguenillée
Au corps lacéré,
Chancelant sous le joug des tipoyes
 Et des crosses de la sécurité présidentielle ?
C'était et c'est encore l'homme noir,
Pardon, c'est un être humain opprimé !

Quelle est cette silhouette échevelée
Au parfum des muses,
Gisant dans des herbes endeuillées
Habillées de larmes rouges
Et que se disputent les vautours voraces
Et des kyrielles de mouches zigzaguant sans fin
En se répondant par des chansons macabres ?
C'était et c'est encore la femme,
Pardon, c'est un être humain assassiné !

Quelle est cette ombre fébrile
Mouvant impuissante à des profondeurs terrifiantes
Dans un univers de monstres mutilateurs,
De dragons bavant des venins mortels,
C'était et c'est encore le minier, l'ouvrier…
Pardon, c'est un être humain surexploité.
Je voudrais que ma chanson
Soit celle
- de révolte
- de lutte

- d'espoir

Enracinée dans une terre multicolore
Fertilisée par l'Amour…

Le Blanc n'est pas blanc,
Le Jaune n'est pas jaune,
Le Noir n'est pas noir,
C'est seulement l'Etre Humain
Richement diversifié.

ELOGE DE LA MULTIRACIALITE HUMAINE

Etres humains de tous les horizons,
Détruisez la tour aride
De l'uniformité humaine,
Source de monotonie et de préjugés ;
Abattez les carcans réifiant
La merveilleuse réalité humaine ;
Elevez à la gloire de l'unité humaine
L'étendard scintillant
De la Diversité féconde,
Du respect de fructueuses différences
 Source de créativité et d'enrichissement pérenne
A jamais contagieux et florissants.

Etres humains de tous les horizons,
Je vous exhorte à bâtir des lendemains nouveaux
Pour des Etres Humains heureux et nouveaux !
.

VIVRE !

Je voudrais avec ardeur vivre,
Et non pas seulement survivre.

Je n'ai pas de recettes miracles
Si alléchantes soient-elles
A offrir aux mille et une clientèles
Que savent pondre les publicités,
Déesses célèbres de la culture
De l'esprit de facilité.

Je les laisse aux messieurs
Les politiciens, législateurs…
Proposer les diverses façons de se comporter
Au regard des normes conçues par nos sociétés
Pour le maintien, quoiqu'on s'en défende, bon gré mal gré,
De l'abominable et cynique inégalité,
Prêcher la soumission à l'Etat-Nation
En passant par les corps intermédiaires d'aliénation.

L'hymne, nous le connaissons si aisément
Qu'il devient ennuyeux comme le sifflement

De cette laideur qu'est sans doute le serpent :
C'est la sécurité nationale, les intérêts de la nation !

Les têtes peuvent tomber, sauter, le sang gicler, les prisons se gonfler,
Des humains disparaître au large des mers houleuses
Dans la gueule des requins et des pieuvres ;
De jeunes gens se calciner dans les déserts de l'Iran,
Des Indiens être parqués dans des réserves immondes…
Oh, quelle triste humanité !
Mais l'histoire est bien longue..
Tournons vite les pages…
Les images suffisent !

Pour moi, vivre,
Aimer vivre,
C'est savoir et pouvoir
Voir avec les yeux d'enfants ;
C'est découvrir tous les méandres
Des êtres vivants et des choses
Ainsi que leur charme et leur limite
De telle sorte qu'ils procurent
Une inspiration créatrice
De belles idées, de choses novatrices et saines.

Vivre, c'est aussi se mettre à l'écoute
Du monde environnant et des cœurs
Qui battent à l'unisson de l'édification
D'un devenir commun davantage radieux
Tout en soulageant de nos jours des cœurs affligés,
Ployant sous le poids des déceptions, des désillusions
Amèrement et profondément ressenties
Devant lesquelles l'on se confronte
A la pénible réalité sciemment aggravée de la condition humaine.

(MONTREAL, ETE, 1979)

DEFI

Je n'ai plus peur
De tes regards hypnotiseurs,
De ta présence intimidante,
De ta voix envoûtante.

Je te dis ? MA-MIE,
Droit dans les yeux,
Mon cœur glougloute
Quand mon être vit ta présence
Et que le souffle de ta voix
Imbibe tout mon corps éveillé.

Tu ne me fais plus peur
Par tes silences troublants,
Par tes regards scrutateurs,
Par tes subtilités dompteuses.

Je n'ai plus peur
Que tu me répondes
Par un non sec
Sur un ton dédaigneux
A mes avances passionnées.

Je n'ai plus honte
D'essuyer un échec
Dans mes élans affectueux.

Je te brave désormais.

Je te dis sans détour :
Je t'aime, bang !
Voilà des mots virevoltants
Dont l'aisance faconde
Me transperce de part en part,
Edifiant tout un rempart
Qui me tient prisonnier
De ma liberté de t'aimer
Et de te le proclamer
Sans gêne.

QUEBEC, BONJOUR !

Etendu dans la Plaine
Vertement sereine
D'Abraham,
Je vis au loin,
Près de la chapelle du coin,
Surgir et scintiller
Une galante flamme
Qui fit tressaillir
Au son d'une lyre
Toute mon âme
Assoiffée et affamée
De sa discrète dulcinée
Toute imagination
Et toute fascination.

Bientôt, en esprit,
D'un trait m'envolant
Comme un cerf-volant
Auprès d'elle…
M'asseoir sur les ailes
De ma tourterelle,
Gentil attrayant Québec,
Je voudrais « sans un break »
T'habiller d'un grand Bec
Et te nourrir d'un doux bec
En semant sur le chemin du retour,
Le parfum de tes velours
Et la volupté de tes Amours…

PLAGE ENSOLEILLEE

Je contemplais la vaste mer
Au corps ondulant ;
J'admirais la vaste plage
Aux côtes dodélinantes.
Le sourire aux lèvres,
Je dégustais des yeux le spectacle gratuit
 Des oiseaux virevoltant
Au-dessus de ma tête aspergée.
Tenant dans une main docile
Une fleur au parfum de vie,
Je me mis à rêver sur une plage toute ensoleillée,
La pensée toute pleine de MA BISE.
Le nez tout rempli des odeurs marines,
Les oreilles toutes remplies de la musique des vagues,
Les yeux tous remplis de la gracieuse mer
Qu'aiment chanter les fameuses Sirènes
De ma gourmande imagination.

Bientôt, je sentis le passage duveteux
D'une galante brise
Qui me chatouillait patiemment le visage attentiste.
Dans une attitude pieuse,
Je fermais, lentement, les yeux avec tendresse
Comme pour mieux jouir de ces caresses.
Ce fut un véritable nirvana

Et une véritable renaissance
Lorsque, plus tard, j'ouvris les yeux.

Je vis venir les vagues
Timidement mais sûrement
M'embrasser les pieds assoiffés.
Je découvris, au loin,
Toute resplendissante de vie,
Une Gaîté, une beauté nommée MA BISE ;
Elle courait, élégamment, à ma rencontre,
Entre la plage et la mer,
Bénissant ainsi leur union définitive ;
Elle courait, élégamment, les cheveux dans le vent,
Le corps tout parfumé de la mer salante…

Intrépide, MA BISE, au regard de printemps
Etincelle de vie au sourire explosif,
Dont la voix sème la vie et la paix
Dans les cœurs meurtris.
Tu es richesse, pas n'importe laquelle, humaine ;
Tu es l'insondable qui fascine,
Tu es l'ardeur qui dynamise ;
Tu es silence bouillonnant de choses
Indicibles et passionnantes ;
Tu es foudre et tonnerre
Au cœur tendre et magnanime ;
Tu es présence chaleureuse,
J'aimerais te chanter
A travers des chansons
Dont les paroles et les mélodies
Restent encore à inventer et à parfaire.
Je t'offre ma fleur au parfum de vie
Qui est ce rêve d'une plénitude vécue
Sur une plage ensoleillée
- par ton image !
- par ta pensée !
- par ta présence !

RICHESSE TRIANGULAIRE

Femme noire, femme blanche, femme jaune,
Triade de félicité édénique et idyllique,
Seule note sur des gammes mélodiques variées
Symphonisant le Divers
Dans la triade de l'Unité Divine,
Dans la triade de l'Unité humaine,
Miroir triface
Aux reflets émerveillants,
Vos sourires magnétisants
Dénouent mes lèvres timides,
Rallument mon ardeur endormie,
Réveillent mon cœur somnolent,
Ecarquillent mes paupières alourdies
Déclenchent ma salive asséchée.

Femme jaune, femme noire, femme blanche,
Trinité de beauté
En une déesse triadique,

Je voudrais que votre triangularité
Triple l'enrichissante diversité humaine,
La douceur de la jouissance
De vos caresses voluptueuses et miraculeuses.

FLEUR DE VIE

Je rêvais très souvent d'Italie
Où l'on sonne l'hallali.
Cependant, c'est vers le Canada
Que me conduisirent mes pas.

C'est un pays à la fois beau et fascinant,
Etrange et bien sûr passionnant
 Autant par sa remarquable vitalité
Que par ses admirables universités.
C'est dans l'une d'elles,
Elégante comme une chandelle,
Qu'un jour je vis MA MIE
Qui me fit oublier l'Italie.

C'est une fille
Qui certes brille
Par la justesse de son esprit
Mais, aux questions pertinentes, sourit
Et ne tolère guère qu'on l'ennuie.

C'est une fille bien belle
Mais qui jamais ne parle d'elle.
Un mystère, sans doute, mais si riche de contenu,
Une pensée profonde, mais difficile à mettre à nu.
C'est une fille bien discrète
Mais dédaigneuse des choses secrètes.

Eh, bien, souriante, MA MIE,
Fleur vivante de la vie,
Fruit attrayant de Dame Nature,
Source inépuisable de verdure
Qui procure toute tendresse
Et incite à la gentillesse,
Je t'exhorte, à cette heure,,
Où s'assouplit le labeur,
A aimer profondément la vie,
Et à pardonner à ILY
Toutes ses maladresses
Qui sont, hélas,
L'envers de ta délicatesse.

   (MONTREAL, 14 MAI, 1979, PRINTEMPS)

SOLIDARITE

Collines verdoyantes aux ondulations moutonneuses,
Je vous salue, vivantes cathédrales avicoles
Aux milles mélodies naturelles
Qui, à la faveur de l'étalement nocturne,
Bercent, intimement, mon sommeil
De naïveté innocente
Et se mêlent imperceptiblement
Aux leitmotivs enchanteurs
De mon cœur cosmopolite,
De mon cœur avide de l'univers sans fin.

Mbomou, Mbari, Chinko,
Trinité fluviale du berceau ancestral,
Bassin laitier de la terre natale,
Artères nourricières de mon âme centrifuge,
Votre ubiquité, par mon âme insufflée,
Vous érige Oubangui, Rhin, ST-Laurent,
Partout où me porte le vent
De l'Aventure, de l'Action et de l'Amour.

A Bangui, à Johannesburg, à Phnom-Penh, à Kaboul,
Votre errance expansible m'y transporte
Les yeux hagards, bientôt empourprés

Du flot de sang souillé charriant
Des corps humains sans tête ni pieds,
 Ni bras ni ventre,
Des têtes sans yeux,
 Des têtes sans corps,
 Des corps sans tête !

Peut-être un rêve cauchemardesque
Vite évanoui ?
Le temps passe, les images défilent…
Des gens démunis, affamés, chancelants
Sur des embarcations moribondes,
A la dérive, sur une mer en furie,
Vers l'inconnu….
« Boat-People », proie aisée des pieuvres et des requins !

Peut-être, est-ce un rêve fantasmatique,
Une illusion mentale ?

Le temps passe, les images défilent…
Bravo ! Han, han, vas-y, vlang, bang !...
Le Forum…le Madison Square Garden !
C'est l'ivresse hilare des Dodus
De l'Olympe élitiste des piastres.

Sur la piste, des fractures, du sang, on rit,
On s'écroule et se meurt dans le ring, on rit.
Peut-être encore une imagination frivole,
Un rêve éveillé ?

Au scintillement stellaire du soir,
Où s'étalent
L'ingéniosité des Sages
Et la diffusion de leur savoir,
S'élèvent dans les cieux compatissants
D'affligeantes complaintes des Berceuses
Désertées et languissantes
Que scandent des nuages larmoyants,
Relayés par la course effrénée du vent
Qui, d'océan en océan,

De montagne en montagne,
De continent en continent
Déploie le voile horrible
De la barbarie des ogres humains :

Centrafrique, Iran, Tchad, Azanie, Mali , Palestine…
Congo, Soudan, Nigéria, Haïti, Niger, Mozambique,
Guinéé, Erythrée, Libéria,Liban,
Afrique du Sud, Ukraine, Burkina Faso…
O mères candides,
O mères affligées
- d'enfants souillés
- d'enfants éventrés
- d'enfants décapités
- d'enfants massacrés

Ah, non, ce n'est plus un rêve !

A coup de pieds martelant
J'ensevelis les velléités
D'un intellectualisme rêvasseur,
Au diable, les jérémiades stériles
Les spéculations oiseuses,
L'indifférence complice,
Pilules certaines de l'aliénation
Et de l'asservissement.

Je veux être ce volcan
Crachant des laves
De vengeance
De colère
Vainement contenues
Je veux être ce tonnerre
Bourdonnant de révolte titanesque
De fureur indescriptible
De rage écumante
Vainement étouffées
Je suis cette foudre terrible
Déchaînée contre l'infâme.

Car je suis ce zeste de vieillard délaissé
Après utilisation optimale ;
Je suis cet ouvrier, cet immigrant,
Aux prises avec l'intoxication et les bas salaires,
Cette fille
- qu'on marchande,
- qu'on manipule
- qu'on frappe
- qu'on viole

Je suis ce Latino-Américain
- qu'on affame
- qu'on torture
- qu'on émascule

Je suis ce Centrafricain
- qu'on esclavagise
- qu'on déshumanise
- qu'on décapite

Je suis ce Centrafricain,
Exilé d'avoir chanté
L'amour de l'humain,
L'amour de mon pays,
Exilé d'avoir dit non
A l'oppression cyniquement entretenue
A la corruption éhontement soutenue
A l'esclavage hypocritement masqué

Je suis ce Centrafricain,
Couvert d'opprobre
Assailli par d'effroyables
Chars giscardiens,
Infantilisé, bâillonné
Par le paternalisme canonnier de l'Elysée,
Pleurant le père, la mère, la sœur, le frère, l'ami
Tous des innocents lâchement assassinés,
Des innocents cyniquement
Jetés dans la gueule vorace des fauves affamés
Des majestés impériales
Napoléoniennes giscardo-bokassistes.

Je suis cet Iranien aux bras et pieds mutilés
Cet Afghan, ce Kampuchéen croulant sous les bombes soviétiques ;
Ce Palestinien dénatalisé, opprimé, fusillé
Je suis cet Indien,
Parqué dans des réserves appauvris
Et dépouillable à volonté
De de ses biens patrimoniaux,
De sa nationalité,
De son territoire.

Je suis ce Sud-Africain noir,
Je suis tout cet autre humain
Sans terre sur sa propre terre,
Qu'on insulte, qu'on humilie
Qu'on piétine, qu'on fouette,
Qu'on déshumanise,
Qu'on assassine,
Qu'on néantise ostentatoirement.

Mais je veux être et je suis surtout
Ce vieillard, cet immigrant, cette fille
Qui dénoncent et qui luttent, la tête haute ;
Ce Latino-Américain, cet Afghan, ce Kampuchéen
Cet Azanien, ce Palestinien, ce Centrafricain
Qui résistent et qui, vaillamment, combattent
L'injustice, l'exploitation de l'homme par l'homme ;
Cet Indien qui s'affirme et qui proteste
Contre l'intolérable toléré.

Vaillants peuples du Tiers-Monde,
Aux sueurs exhalant des misères exécrables,
Aux cœurs bondés d'espoir inébranlable,
A la détermination indomptable
De briser les mailles inextricables
De l'impérialisme ignominieux,

Peuples des quatre coins du monde
Epris de paix et de justice
Ensemble, brandissons, tout haut, la flamme dorée
De la dignité humaine,

Le flambeau diamanté de la victoire prochaine

Peuples mus par le seul souci de l'humain,
Ensemble, buvons à la coupe empourprée
De notre triomphe certain.
Ensemble, joignons nos efforts,
Et que nos trompettes héroïques interactives
Claironnent la symphonie d'une ère nouvelle,
Celle de la liberté et de la concorde,
Celle de la sacralité de la dignité de l'humain,
Celle de la bonté, de la fraternité et de l'amour.
 Car ma vengeance n'est pas une vengeance,
C'est un cri de cœur, le cri de l'Amour humain.
Ma haine, n'est pas une haine,
C'est une foi inébranlable en la fraternité humaine ;
Ma révolte, l'expression ostentatoirement
Affective d'un farouche attachement
Profondément et hautement humain !
Puissent les vagues des mers et des océans,
Et les oiseaux-voyageurs multicolores,
Et les tam-tams et les tambours,
Les cloches et les médias
Partout à travers le monde,
Colporter et retransmettre
De plus en plus fidèle,
De plus en plus fort,
De plus en plus loin,
De plus en plus attrayant,
Ce message sans messie
A l'humanité toute entière !

MON CENTRAFRIQUE DE TOUJOURS !

Impressionnant et dynamique
    Centrafrique !
D'hier, d'aujourd'hui et de demain,
Je viens te voir, je veux venir te voir,
Je viens retrouver, je veux venir retrouver
La candeur de tes regards ineffables,
La sérénité de tes forêts grandioses,
La vitalité de tes reins ondulants
Aux rythmes tam-tamisés des villages en fête,
La douceur et la gaîté de la vie en famille !

Centrafrique, aux visages plurisémiques,
Terroir vénéré de nos Ancêtres
Aux odeurs de brûlis parfumés,
Eden bourdonnant d'arbres mamelonnés
Que nous disputent allégrement
Nos voisins au dos arqué,
Terre de travail communautaire
Assaisonné d'humours époustouflants
Et de contagieuse et trépidante hilarité,
Mon Centrafrique, je te salue et te glorifie infiniment !

Centrafrique aux séductions plurivoques,
Pays où, nuit et jour,
Peut s'exécuter la danse endiablée
Des circoncis à l'ardeur fougueuse,
Même au plus fort de la sécheresse
Lézardant les lèvres et les pieds sensibles,
Aux plus ténébreuses des nuits inquiétantes
Redoutées des bambins pusillanimes,
Aux clairs de lune admirables
Embrassant nos pieds alertes
De leurs immenses sourires complaisants,
A la tombée feutrée du soleil
Empourprée de sueur de fatigue
Et avide d'un repos bienfaisant
Pour parfaire la brillance
De ses prochaines randonnées,
Mon Centrafrique, je te glorifierai toujours !

Centrafrique aux seins potelés
D'une Sirène aux cheveux flamboyants,
Aux déambulations gracieuses
D'une adolescente pucelle,
Au regard sidérant
D'un guerrier au corps bariolé,
Paradis de mes rêves enchanteurs
Comblés de beauté et de vigueur juvéniles,
Pays de sagesse et e science ancestrales,
Contrée de fraternité enthousiaste
Et de prodigues chaleureuses poignées de mains,
Pays d'agréables koko-likos auroraux
Harmonieusement orchestrés
Sans chef d'orchestre,
Où l'intrépide coup de balai
Trottine gaîment autour de la maison,
 Mon Centrafrique, je te chanterai toujours !

Centrafrique au cœur magnanime,
A la patience légendaire et fertilisante,
Source d'éclosion de remèdes
A nos insuffisances coupables
Dénudées sous ton regard ubiquiste

Nous inspirant chaque jour davantage
Le sens de l'émulation et du surpassement,
De l'humilité et de la fierté,
Du dévouement et de l'honneur,
De la dignité et de la justice,
 Du courage et de l'altruisme,
Mon Centrafrique, je t'exhorterai toujours !

Centrafrique aux fourmillements
Des virtualités luminescentes,
A l'exubérance des verdures attrayantes,
A la symbiose enivrante
Des voix ténors des balafons lointains,
Au ciel de saison sèche
Embrassant des fumées de brousse vagabondes,
Aux gémissements fallacieux des feuillages extasiés
Qu'effleure majestueusement
Son Altesse l'Harmattan Don-Juan-Sans-Visage,

Mon Centrafrique,
Ta chanson est une mélodie d'espoir,
Ta mélodie, une chanson d'amour,
Ton amour, une tétée de félicité,
Ta tétée, une pluie de plénitude et de vitalité,
Qui revigore des êtres exténués,
Qui cicatrise et berce des corps meurtris,
Qui adoucit des esprits enflammés et épars,
Qui rafraîchit des cœurs assoiffés et angoissés,
Mon Centrafrique, Je t'aimerai toute ma mort,
Je t'aimerai toute ma vie !

DEPART MATINAL

C'était à l'aube virile
 Cotonisant
Des paysages familiers et pieux
Tamisant le roucoulement lugubre
    Des hiboux
    Présageant
Des lendemains sombres
Vite conjurés
Par des devins vénérés
A la tête coiffée
De soldats blanchis,
Vestiges péremptoires
D'expériences richissimes
Et de passé glorieux,
Que le poulailler s'égaya
Pour saluer mon réveil.
C'était une belle aurore
Larmoyante
De rondelettes rosées
Au-garde-à-vous-des sentiers nervurés et épars
Bénissant gracieusement
Des téméraires pieds nus ?
Habitués des terres boueuses ou brûlantes,
Des vers de terre et de tessons de bouteilles,
Martelant des latérites insoumises,
Affrontant d'impitoyables repères
D'épines et de serpents errants,
 Que l'on me réveilla
Pour la cérémonie du départ.

C'était un beau petit matin
Pétillant de fourmis-magnans

Essaimant des campagnes animées,
Transperçant des forêts sacrées
Fièrement giboyeuses,
Château fascinant
Des Esprits suzerains,
Que le petit balai alerte,
Jadis friand des fessées matinales,
Entama la danse à la ronde,
Pour célébrer ma sortie.

C'était à l'aube moelleuse
        Badigeonnant
  Des cils et des sourcils
  Rebelles aux ronflements matinaux
  Qu'assis sur le sol,
  Les uns contre les autres,
  Notre Père, copieusement
  Nous gratifiât
  De sa solennelle bénédiction
  D'eau salivaire
  A l'occasion de mon voyage
   Lointain Du foyer familial.

C'était un matin délicieux
De saison sèche pluvieuse
Que, catapulté
Dans un gros camion des Pères catholiques,
Tintamarre s'essoufflant
A la moindre côte caillouteuse,
Vomissant des fumées d'ostensoir
Exorcisant le trajet endiablé
De boue non complaisante,
De poussière fougueuse,
De rigoles béantes,
De virages fatidiques,
De pentes périlleuses,
Je quittai, le cœur battant,
Mon idylle Bangassou
 Presque sans sou !

LA QUETE DU PARTAGE

On m'a dit un soir,
Que c'était bien d'être normal.
On m'a dit un soir,
D'être monsieur-tout-le-monde.
Tout cela est gris,
Tout cela est pauvre.
Pourtant je regorge de richesses,
Je bouillonne d'anormalités
Aussi bien que de normalités ;
Je vibre d'individualité
Aux colorations plurielles,
Je suis Moi avec les Autres.

On m'a dit un soir
Que ce n'était pas bien
D'être normal.
On m'a dit un jour
De vivre des émotions sans nom,

De ne pas appeler chat : chat
A cause des publicités chatonnes.
Tout cela est un peu vrai
Tout cela est un peu faux
Mais j'étouffe des mots qui me pèsent
Sur la langue, dans la gorge, entre les dents…

On m'a dit un soir
Que c'était normal
De ne pas l'être.
On m'a dit un jour
D'aimer sans dépendance,
D'être une statue dénuée de frustrations
Lorsque la personne désirée
Sort délibérément au moment même
Où j'aurais tant aimé
Jouir de sa présence.
Tout cela est vrai
Tout cela est faux.

Se sentir aimé,
N'est-ce pas aussi se sentir libre ?
La solitude forcée, quelle prison !
L'amour, l'affection, l'amitié,
N'est-ce pas aussi l'interdépendance
Non aliénante ?

Quoi, les gens ne savent plus
 Ce qu'est l'amour ?
Sont-ils devenus sourds,
Aveugles, impassibles, muets ?
Des robots sans cœur ?

Et moi qui suis plein d'amour !
 Il trépide dans mon cœur, dans mon esprit…
 Quoi encore…dans tout moi.
Je veux le partager, s'il vous plaît.
Je vous en supplie…
Je vous l'offre…gratuitement

Même en ces temps de crises...

Toi là-bas, ici, partout,
Qui passe, le regard détourné...
Je cours derrière toi...je m'essouffle.
Tiens, je te le tends, mon cœur
Sans te l'imposer...

C'est ainsi et comme cela,
Les gens passent,
Mais mon amour demeure.
Il grossit, il devient énorme.
Il commence à peser lourd.
Il va m'écraser, il m'écrase.
Je veux tellement le partager,
Et ce monde-là, n'a pas faim...
Surtout, n'a pas faim d'amour !
Peut-être, n'a-t-il pas encore faim !
Et moi qui brûle d'appétit...
Et surtout d'Amour !

PETIT CHASSEUR

La perdrix était bien maigre.
La casserole bouillait presque vide.
Mais la sauce fut abondante…
La faim passablement résorbée.

De l'autre côté du caniveau,
La cithare applaudissait
Goulûment
Des marmites dodues
Borborigmant allègrement
De gros morceaux de viande
A l'odeur irradiante
De piment énergisant
Et virilisant
Des journées entières
De festivités de lèche-mains.
De hordes de chiens bruyants
S'arrachant des os à peine décharnés,
Des hilarités soudaines
S'alternant par flux et reflux
Comme pour conjurer
 La case en bambou
Avec sa petite casserole.

Le petit chasseur était triste.

L'angoisse des lendemains incertains
 Serpentait manifestement son front,
L'enrichissant des nuits d'insomnie.
L'appétit et l'enthousiasme
Lui claquèrent la porte.
Le rire s'évapora
Avec les buées matinales.
Plaintes, frustrations
Lui tinrent compagnie fidèle.
Tout le monde le prit en pitié,
Mais l'on finit par l'arroser
D'acerbes moqueries.
Clopin-clopant, sa gibecière
Sur les épaules rabougries,
Il reprit le chemin de la chasse.
Pauvre petit chasseur !
La forêt l'engloutit.
Il persévéra.
Les autres chasseurs convaincus de leurs succès prochains,
Se plurent à inventer des histoires disgracieuses
Pour davantage assombrir les mésaventures du petit chasseur
Afin de mieux étaler leur prouesse.

Cette fois-ci
La barque changea
De direction
De l'aval vers l'amont…

Les poches des chasseurs talentueux
S'alourdissaient de champignons comestibles
Récoltés au hasard
Sur le chemin du retour bredouille
De la chasse.

Mais, oh, miracle, apothéose !
Le petit chasseur traînait
Péniblement sur le sol
Sa gibecière repue.
Il n'en croyait pas ses yeux.
Que de gibier tué !
Etait-ce un rêve ?

Non, son rêve n'est plus que réalité

Qui, finalement, dérida son visage.

L'échec, se mit-il à chanter,
Est le commencement du succès,
Le succès, le début de la joie.
La joie, le début d'un début…
Petit chasseur, début d'un grand chasseur !

De partout,
L'épopée de ce chasseur
Cristallisa
Les aspirations, les actions et les espoirs.

Mélomane qui m'écoute,
Agis toujours pour déclencher
Le début, le commencement
Et pour cesser d'être le petit…
Dont on se moque allégrement !

§§§

INEFFABLE SILENCE

ET

INFINIE ESPERENCE

INTERACTIFS

1982   2023

§§§§§§§§§§§§§§§§§§§§§§§§§§§§§§§§§§§§§§§

NOTRE CHER PAPA

Il n'est plus !
Celui qui me prenait la main menue
A la traversée des torrents hostiles,
Au franchissement des marigots
Débordés et bourdonnant d'indicibles feux,
A l'enjambée des troncs d'arbres volumineux,
Au passage des pistes boueuses.

Il n'est plus !
Celui qui, sur les chemins zigzagants
Des champs lointains aux abords de Mbari,
M'entraînait, çà et là,
Visiter ses nasses souvent pleines,
Ses pièges à rats, au gibier, aux oiseaux.

Il n'est plus !
L'homme au sac de rotin toujours bourré
Qui ravitaillait les populations rurales
Tout au long du marigot Nafoundigui
En pétrole, savon, sel, sucre…

Il n'est plus !
 L'homme pauvre
Qui fournissait au monde opulent
Du caoutchouc et de l'ivoire,
Du coton et du café
Pour de chétifs sous volatiles,
Pour rien…

Il n'est plus !
L'employé de magasin colonial attrayant,
Le cordonnier expert et illustre,
Le cultivateur ardent,
Le chasseur d'oiseaux à la lance-à-pierre
Qui ne le quittait presque jamais
Dans ses pérégrinations champêtres,
Le débrouillard aux milles spécialités.

Il n'est plus !
Le marcheur infatigable,
L'homme d'humour époustouflant,
De dialogue alléchant,
De contact égayant,
De taquineries amusantes.

Il n'est plus !
Celui qui, à jeun ou repus, aimait
Chanter des chansons sagaces,
Jouer du balafon sur des troncs de bananiers,
Arborant, tour à tour,
Un air grave, rêveur, serein et gai !

Il n'est plus !
L'homme qui se réveillait
Dans les nuits matinales
Pour faire la cuisine
Puis me réveillait pour manger
Avant de piétiner mes habituels quinze kms

Pour aller à l'école de Mbalazimé
Avant les cinq heures du matin,
Seul repas pour toute la journée
Jusqu'à mon retour nocturne au foyer paternel.

Il n'est plus !
Celui qui m'a vainement attendu
Alors pauvre étudiant en Amérique du Nord,
Qui n'a cessé de parler de moi,
Qui s'en est allé en m'aimant,
Qui s'est éteint en prononçant
Mon nom !
Roger, merci infiniment pour tout.
Tu vis
A travers ces doux souvenirs,
A travers tes œuvres inoubliables
A travers moi et nous…

Nous sommes toujours ensemble,
Au plus profond de nous-mêmes,
Au-delà de nos corps visibles,
A-RO, A-Zé, A-Ngba- A-Ngui
Appellation humoristique
Pour ROGER NGBANGUI !
Renaissons toujours ensemble de nos morts éphémères.
Vivons toujours ensemble la vie aux profondeurs infinies…

NOTRE CHERE MAMAN GERMAINE

Germaine,
Mère radieuse et sereine,
Loin de moi à Bangui,
S'en est allée au pays sans retour
Sans que j'aie pu écouter
Pour la dernière fois
Sa douce et limpide voix,
Sans lui avoir tenu la main,
Sans lui avoir dit
Combien elle a été pour moi
L'ange protecteur, bienfaiteur
M'insufflant des modalités
De l'édification d'un devenir
Pérennement perfectible !

Mendicité, paresse, mensonge, jalousie, égoïsme,
Orgueil, traitrise, avarice, calomnie, atteinte à la vie d'autrui…
Tu m'en as épargné et m'as instruit
De ne pas tomber dans tous ces vices ignobles
En me brandissant toujours l'étendard de l'esprit
De paix, d'amour ineffable !
De justice,
De fraternité,
De simplicité,
De persévérance,

Du travail bien fait,
De l'amour du prochain.

Oh mère inégalée et inégalable à mes yeux,
Oh mère laborieuse infatigable,
Oh mère imbue d'un esprit de sacrifice incommensurable,
Pour moi, pour tes enfants, pour la famille,
Je n'ai que ces mots d'une simplicité manifeste
Mais d'une profondeur d'attachement filial indicible,
Je t'aime, je t'aime et t'aimerai jusqu'aux confins de l'univers !

Oh maman, Germaine,
Délice souveraine
De ma vie infantile et juvénile,
Te voilà partie pour toujours,
Sans que je puisse te rendre,
Comme je l'espérais,
Ce que tu méritais de ma part !

Mais dans mon cœur, dans mon esprit
Dans mon corps et dans mon âme,
Tu resteras à jamais vivante et toujours aimée de moi !
Je suis à la fois triste et heureux :
Triste de ne pas te serrer comme d'habitude
Dans mes bras en période de vacances
Lors de nos retrouvailles au village Yawa- Soa- Zangandou !
Heureux que tu as pu m'inculquer des valeurs humaines inaltérables !

Oh mère, quoi te dire à présent et toujours,
Si ce n'est te dire,
T'adresser du fond de mon cœur
Un vibrant filial Merci enthousiaste
Pour tout ce que tu as fait de moi à jamais !
Repose, en paix, chère maman bien aimée,
De ton fils
Que tu avais surnommé *Kélèvounga* en Nzakara
Mais redevenu de nos jours à ses yeux *Ngbangbavounga*
Ton fils qui ne t'oublie pas
Et ne t'oubliera jamais !

MON CHER AÎNE JEAN-HECTOR

Né à Bangassou,
Sous un étoilé toit
Vivant souvent
Avec peu de sous
Et balloté par un vent
 Avec peu de sous,

Tu es venu t'éteindre chez moi
A Bangui ! Et de quelle manière !
De manière inattendue
De moi, de tes neveux et tes nièces,
De tes belles-sœurs, De tes petits enfants !

 Oh , toi que j'avais l'habitude
D'appeler mon cher Hector
Et je pense n'y avoir pas tort
De t'appeler ainsi
Car comme ce héros gréco-latin
Tu as combattu avec les mains
Toutes couvertes d'or

Des lendemains que tu espérais
Vivement radieux pour moi
Moi, que tu ne cessais d'appeler Loye !
Désormais redevenu LUXY !

OH mon cher HECTOR
Aux propos d'or
Surnommé par ailleurs KENGOU-GBA,
Signifiant « *eau, vainement haïe ou inéluctable*»
Je ne sais plus où tu vas !
Que tu me manques terriblement !
Nos discussions à bâtons rompus
Plongeant dans les profondeurs des nuits lunaires
Au ciel peuplé de soldats étoilés
Ne me sont plus que souvenirs amers
Avec quoi je navigue sur cette écumeuse mer
Hâtivement fabriquée par de sinistres illuminés
Pour davantage rendre ce terroir ancestral pervers

Beaucoup de mots me manquent pour te dire
Combien dans notre vie ton rire
Soutenu par un véritable magnanime sourire
Ont été et sont toujours pour moi
Des modalités prodigieuses de courir
En tout temps et en tous lieux
Pour me débarrasser
Et de la lourdeur d'esprit, du corps
Et du plébiscite de la normalisation de l'anormal
Considéré de nos jours comme allant de soi !

Oui, mon très cher
Bien-aimé Fouma Jean Hector
 Aux yeux d'or
Puisse Dieu Tout-Puissant
Eternellement bienfaisant
Te préserver
Du mauvais sort
Et te réserver
Une vie céleste dorée !

MA CHERE CADETTE LOUISE

Ma chère Louise,
Tu m'as toujours manqué
Quand j'étais né ;
Je demandais souvent maman
Jusqu'à quand
Je vivrais tout seul
Sans un frère, ni une seule
Sœur de mon âge Dans cette
famille bandia,
Préservée jadis des razzias ?

Ma solitude fut longue
Comme une longue
Pirogue aux couleurs
Rouges du soleil couchant
Sans cesse miroitant
Un sourire flamboyant.
Tout en exprimant
Toute une solitude ensoleillée

Comme dans un rêve éveillé.

Oh ma chère sœur binôme
Dénommée Louise
Que ton frère Louis
A longtemps impatiemment
Attendue mais gaiement.
Mais voilà encore
Comme de l'aurore
Que tu viens vite de me quitter
Pour aller, voyager, naviguer
A jamais dans l'autre énigmatique monde
En faisant désormais de moi
Tout un véritable toit
Solitaire mais émergeant
Néanmoins d'une île
Elégamment fertile
Aux aspects virils
Tous florissants !

Va en paix chère sœur Louise,
Tout en restant attentive,
A mes affections fraternelles
Qui s'affichent à jamais éternelles !
Car ton départ
N'a pas été
 Un total départ !

Ce départ flamboyant
A fructifié le monème
Louis
En trinôme
Louisa, Louisette et
Louisarine !

A MES TROIS ENFANTS D'AMOUR SUBLIME

Mes très chers enfants de toujours
Creuset et vecteur de l'amour triangulaire
Père, mère et enfants
Que vous incarnez aussi bien
Par l'énigme de votre triple venue sur terre
Et par votre triple départ dans l'autre-monde
A travers une mélodie hautement harmonieuse
Tout autant que surtout mystérieuse pour nous humains
Oh, ah, eh, Luxy-Leopold, Fortune-Victor. et Emmanuela
Demeurez à jamais ici et là-bas
L'incarnation et l'immortalité
De l'amour humain et de l'amour divin

PETIT RUISSEAU

C'était un vendredi après-midi
Que j'avais l'habitude virile
De distribuer mes bonsoirs,
 Mais pas de manière ostentatoire
Au monde du trottoir.
Je voulais en ce moment
Changer un peu d'air.
Celui de mon appartement
M'était devenu si lourd.

Une fois dans la rue,
Une rue si singulière
Où l'on se croise sans se regarder,
Je me sentais comme sorti de prison
Pour me retrouver dans un monde d'automates.
Je pris un bus, puis le métro,
Pour une destination
Que je désirais vivement inconnue
Pour m'évader…

Le bruit monotone du métro
Me fit plonger dans des réflexions
Si fluctuantes mais tenaces
Que je me trouvai, à mon insu,
Auprès d'un petit ruisseau
Bien hospitalier avec ses clapotis continus.

Ce fut un spectacle exaltant
D'un concert de musique angélique.
Je sentis alors mes nerfs se détendre,
Mes muscles contractés s'assouplir,
Mon esprit engourdi se relaxer ;
Tout mon être se mit à s'égayer
Et les battements de mon cœur
S'harmoniser aux rythmes miraculeux
Des clapotis du ruisseau.

Salut, ruisseau,
Source de réconfort, de vie, de paix…
 Je suis la vie…je me sens vivant…
C'est l'hymne…du bonheur…retrouvé.

SOURIRE DE PRINTEMPS

C'était un soir de printemps
Où déambulant clopin-clopant,
Entraîné par un doux vent,
Je me rendis à temps
A la petite boîte de soirée d'antan.

Mon visage dégoulinait
De pluie bien câline,
Arborant un air de rêveur
A la quête d'une présence chaleureuse.
Mes yeux hagards et lointains
Miroitaient une timidité infantile,
Qu'une chevelure ondoyante
Sanctifia à coup de sourire
Et de regards électrisants…

Soleil des nuits résonnant
De murmures s'engraissant
Des lèvres et de bouteilles prodigues,
Je voudrais t'emprunter un de tes rayons
Pour retrouver les chemins de l'espoir,
L'espoir d'aimer la vie,
L'espoir d'aimer l'amour,
L'espoir de vivre d'amour,
L'espoir de vivre l'amour d'espérer.

VIVE LE CENTRAFRIQUE

www.ingramcontent.com/pod-product-compliance
Lightning Source LLC
Chambersburg PA
CBHW071850230426
43671CB00012B/2139